W0311224

Johanniskraut

Das Heilkraut aus der Natur

Inhalt

Trotz seiner wechselvollen Geschichte und immer wieder längeren Zeitspannen als vergessene Heilpflanze hat das Johanniskraut sich stets wieder behaupten können. Bedeutende Ärzte und Wissenschaftler entdeckten das so oft in der Versenkung verschwundene Johanniskraut in mehr oder weniger langen Abständen immer wieder als segensreiche Gabe der Natur im Kampf gegen verschiedene Krankheiten und Befindlichkeiten. Heute zählt es zu den wohl am besten untersuchten Heilpflanzen. Doch sind immer noch längst nicht alle Geheimnisse um die Wirkungsweisen des Johanniskrautes ergründet.

Seit 1971 hat das Johanniskraut seinen festen Platz im Deutschen Arzneimittelkodex gefunden und bietet in seinen unterschiedlichen Darreichungsformen vielfältige Hilfe bei diversen Beschwerden. Geschätzt wird das Johanniskraut insbesondere wegen seiner positiven Wirkung auf das niedergeschlagene Gemüt. Depressionen, Angstzustände, innere Unruhe, Schlafstörungen sind die bekanntermaßen häufigsten Anwendungsbereiche, in denen das Kraut zum Einsatz kommt.

Doch das Johanniskraut kann viel mehr. Insbesondere als Öl verfügt es über unzählige Einsatzmöglichkeiten. Ob Kopfweh, Magen-Darm-Beschwerden, Schnittverletzungen, Gicht, Rückenschmerzen, Hautirritationen: Johanniskrautöl schafft bei vielen lästigen gesundheitlichen Problemen natürliche Abhilfe. Auch wenn sich die Wirkung nicht immer sofort entfaltet, sondern einige Tage oder zuweilen auch Wochen benötigt, führt die Anwendung fast immer zu einer ebenso schonenden wie nachhaltigen Besserung des jeweiligen gesundheitlichen Problems.

Das Johanniskraut als Pflanze ist eher unauffällig, erweist sich aber bei näherer Betrachtung als wahre Schönheit, die auch im häuslichen Garten eine genügsame Zier sein kann. Wer die Natur und ihre Gaben liebt, wird diesen Vorzug zu schätzen wissen: Die eigene Ernte und Verarbeitung des Johanniskrautes stellt eine wertvolle und günstige Bereicherung der eigenen Hausapotheke dar.

Bei all den Vorzügen des Johanniskrautes ist jedoch vor der Einnahme oder Nutzung Vorsicht geboten: Bei empfindlichen Personen sind Nebenwirkungen nicht ausgeschlossen. Patienten, die regelmäßig Medikamente einnehmen müssen, sind gut beraten, sich von ihrem behandelnden Arzt über die Anwendung von Johanniskraut zu informieren, um gesundheitsgefährdende Wechselwirkungen zu vermeiden.

Wissenswertes über das Johanniskraut

Der Name ist Programm: Benannt ist das Johanniskraut nach dem Johanni-Tag, der Sommersonnenwende am 24. Juni. Genau in dieser Zeit öffnet die zierliche Pflanze mit dem botanischen Namen Hypericum perforatum ihre leuchtenden sonnengelben Blüten und beginnt, darin die Kräfte der Sonne und des Sommers zu späteren Heilzwecken zu speichern. So formulierten es zumindest poetisch angehauchte Wissenschaftler in früheren Zeiten. Doch auch heute taucht dieser Gedanke noch oft als bildhafte Umschreibung auf. Die optische Pracht erstreckt sich bis in den September hinein. Dann entwickelt die bis zu einem Meter heranwachsende Pflanze mit den verzweigten Stängeln eiförmige Kapseln mit vielen Samen.

Unverkennbares „Markenzeichen“: Beim Zerreiben der Blüten sondern sie eine rote Flüssigkeit ab, die an Blut erinnert, was so manchen bei der ersten Begegnung mit diesem Phänomen schon erschreckt hat. Doch dieser Farbumschlag ist leicht erklärbar: Licht und Sauerstoff zersetzen die Inhaltsstoffe, sobald sie darauf treffen, und bewirken so die erstaunlich anmutende Verfärbung. Wer nun glaubt, ein perfektes natürliches Mittel zum Färben von Textilien gefunden zu haben, liegt richtig. Allerdings wird die Erwartung in ein strahlendes Rot enttäuscht werden: Wer mit ausgekochtem Johanniskraut färbt, darf sich auf einen gelben bis gelbgrünen Farbton freuen.

In früheren Zeiten war der blutrote Saft aus der Pflanze den Menschen absolut nicht geheuer und versetzte sie angesichts fehlender chemischer Kenntnisse eher in besorgtes Grübeln. Hinzu kam die „durchlöchert“ wirkende Optik. Durch diese Eigenarten weckte das Johanniskraut ebenso äußersten Argwohn und Ängste wie aber die verlockende Vorstellung, dass genau diese Pflanze ganz besondere Kräfte besitzen müsse. So ist es nicht verwunderlich, dass sich rund um das Johanniskraut im Laufe der Jahrhunderte allerlei, zum Teil abstruse Rituale entwickelten.

Das Johanniskraut gibt sich bescheiden und gedeiht vorzugsweise an Wegesrändern und auf lichten Böschungen. Es kann sich allerdings durchaus auch mit einem Standort im heimischen Garten anfreunden, wo es ebenfalls keine besonderen Ansprüche stellt. Feucht-humoser Boden an einem sonnigen oder halbschattigen Platz genügen dem Johanniskraut für eine prächtige Entwicklung. Die Pflanze übersteht problemlos den kältesten Winter und sichert durch Selbstaussaat den Fortbestand seiner Art an diesem Standort. Da die kleinen Jungpflanzen zu ihren Nachbarn gern mindesten 30 Zentimetern Distanz halten, muss dann und wann mal ausgedünnt werden. Sobald die Blüten erschienen sind, ist es Zeit für die Ernte. Dazu nutzt man vorzugsweise die Mittagsstunden bei sonniger und trockener Witterung.

In all seinen unterschiedlichen und vielfältigen Aufbereitungsformen wird das Johanniskraut insbesondere als wahrer Sonnenstrahl für das betrübte menschliche Gemüt geschätzt: Es hellt die Stimmung auf, lindert Ängste und arbeitet gegen leichte bis mittelschwere Depressionen an. Doch auch bei anderen Krankheitsbildern erweist sich das Johanniskraut vielfach als Mittel der Wahl zur Genesung.

Das Johanniskraut hat längst nicht nur Heilpraktiker und Naturheilkundler von seiner durchschlagenden Wirkung auf Körper und Seele gleichermaßen überzeugt. Es ist mittlerweile auch nachhaltig in der modernen Schulmedizin angekommen, ist anerkannt und wird intensiv eingesetzt.

In der Homöopathie und in der Bachblütentherapie hingegen ist das Johanniskraut bereits seit langer Zeit eine anerkannte Größe, die dort als „Die Blüte der inneren Sicherheit“ verankert ist. Sie findet traditionell bei nagender Ungewissheit, Zukunftsängsten, Unsicherheit, Schüchternheit, Irritierbarkeit, mangelnder Selbstsicherheit oder Angst vor dem Unbekannten ihren Einsatz und verhilft zu innerer Stabilität.

Die Heilwirkung des Johanniskrautes nutzt die Menschheit bereits seit mehr als 2000 Jahren. Zu medizinischen Zwecken finden alle Pflanzenteile – außer den Wurzeln – Verwendung. Da beim Zerreiben der Blüten ein tiefrotes Substrat austritt, hat der Volksmund das Kaut bereits mit vielen Namen belegt. Beispielsweise Elfenblut, Herrgottblut, Jesuswundenkraut oder Johannisblut. Hauptlieferant des auffälligen roten Farbstoffes ist Hypericin, das zu therapeutischen Zwecken genutzt wird.

In den Blättern der Pflanzen produzieren Drüsen das aromatische ätherische Öl des Johanniskrautes, das ebenfalls medizinische Verwendung findet.

Doch trotz zahlreicher Forschungen, Untersuchungen und Studien ist der Wissenschaft noch immer nicht gelungen, das ganze Geheimnis des Johanniskrautes und seiner Wirkungen komplett zu lüften. Von daher bleibt das Kraut weiterhin unter Lupe der Medizingelehrten.

Wirkung vom Johanniskraut

Im Laufe der vielen Jahrhunderte, in denen sich die Wissenschaft mal mehr, mal weniger mit den verschiedenen Wirkungen des Johanniskrautes befasste, ließen sich nach und nach immer mehr positive Effekte ermitteln und festhalten. Zwischendurch begaben sich die heilkundigen auch durchaus mal auf Irrwege und setzen das Johanniskraut mit Überzeugung bei Krankheiten ein, gegen die ein geeigneteres anderes Kraut gewachsen ist. Heutzutage sind die Erforschungen der Wirkungsweisen des Johanniskrautes sehr weit voran geschritten, so dass es gezielt eingesetzt werden kann.

Das Johanniskraut gilt insbesondere als zuverlässiger Helfer bei trüber Stimmungslage, Angstzuständen, Stress und innerer Unruhe. Es lindert die Beschwerden und beruhigt den Patienten auf natürliche Weise. Denn: Die enthaltenen Wirkstoffe nehmen erwiesenermaßen bedeutsamen Einfluss auf das menschliche Nervensystem. So kann beispielsweise das Hyperforin das Gleichgewicht der im Gehirn aktiven Botenstoffe effektiv zum Positiven stabilisieren.

Aber auch auf der menschlichen Haut sind Johanniskrautpräparate vielfach unschlagbar in ihrer Wirkung: Das Rotöl hilft beispielsweise bei sehr trockener und schuppiger Haut und kann auch bei den quälenden Begleiterscheinungen der Neurodermitis wertvolle Linderung mit sich bringen. Insgesamt verfügt die altbekannte Heilpflanze über etliche medizinisch wertvolle Inhaltsstoffe. Innerlich hilft zum Beispiel das Rotöl unter anderem gegen lästige Verdauungsbeschwerden. Sehr viele Wirkungsweisen der Heilpflanze sind mittlerweile erforscht und hinlänglich bekannt, doch trotz intensiver Studien und Untersuchungen ist noch längst nicht bis ins Detail geklärt, wie weit das Wirkungsspektrum des Johanniskrautes tatsächlich reicht. Und so besteht die begründete Hoffnung, dass das Johanniskraut noch wesentlich mehr gesundheitliche Vorzüge in sich versteckt hält.

In jedem Fall steht aber fest, dass das im Johanniskraut enthaltene Hypericin nachweislich antidepressiv wirkt, während dem Inhaltsstoff Hyperforin eine deutliche antibiotische Wirkung nachgewiesen werden konnte. Darüber hinaus sind unter anderem die Favonoide Hyperosid und Rutosid im Johanniskraut vorhanden, die Entzündungen im Körper hemmen, Krämpfe lösen, die Blutgefäße stärken und bei unterschiedlichen chronischen Krankheiten erfolgreich einsetzbar sind.

Die heilende Wirkung des Johanniskrautes entfaltet sich meist nicht sogleich, sondern erfordert konsequente Behandlung – und eben auch Geduld. Das jeweilige Präparat muss manchmal längerfristig eingenommen oder äußerlich verwendet werden, um schließlich zum gewünschten Erfolg zu führen und dabei unter anderem auch eine Regulation des Nervenstoffwechsels zu bewirken.
Ein weiterer wertvoller Bestandteil des Johanniskrautes sind die Gerbstoffe, die aus der Heilpflanze gewonnen werden können. Ihre Vorzüge liegen in der Anwendung bei offenen Wunden: Sie erzeugen auf der Haut eine Verdichtung der Gewebeoberflächen, so dass Erreger keinen leichten Zutritt mehr haben und die Wunde schneller heilen kann.

Neben- und Wechselwirkungen

Trotz all seiner gesundheitlichen Vorzüge sind Johanniskrautpräparate wie auch andere Arzneien grundsätzlich mit Vorsicht und Sorgfalt zu genießen. Gerade bei Johanniskraut sind Neben- und Wechselwirkungen möglich – mit unangenehmen oder sogar gefährlichen Folgen. So gilt auch hier der Grundsatz: Vor dem Griff zum Heilmittel den Rat des behandelnden Arztes oder eines Apothekers zu suchen, um mögliche Schäden zu vermeiden.

So laufen beispielsweise hellhäutige Menschen bei der Einnahme höherer Dosen Johanniskraut schneller Gefahr, sich einen Sonnenbrand einzufangen. Ein längerer Aufenthalt in der direkten Sonne oder im Solarium sollte also während der Einnahme von Johanniskrautpräparaten vorsichtshalber vermieden werden. Und das gilt nicht nur für die blassen Typen. Wer dennoch oder überhaupt einen Sonnenbrand bekommt, findet in Johanniskrautöl, -tinktur oder –salbe schnelle Linderung und Hilfe.

Mögliche Nebenwirkungen des Johanniskrautes sind auch allergische Reaktionen: Juckreiz, Hautschwellungen, aber auch Müdigkeit, Beschwerden im Magen-Darm-Trakt oder innere Unruhe können in Folge der Behandlung mit Johanniskraut auftreten.

Zu Wechselwirkungen mit Medikamenten führen Johanniskrautpräparate aufgrund ihrer Eigenschaft, die Aktivität eines Leberenzyms zu steigern. Dadurch werden bestimmte Inhaltsstoffe der Arzneien schneller abgebaut und können nicht in der gewünschten Intensität im Körper des Patienten wirken. Dazu zählen Immunsuppressiva, HIV-Medikamente, Arzneimittel in der Behandlung von Krebsleiden, Herzmedikamente, Mittel gegen Epilepsie und auch die Antibabypille.

Auch eine verstärkte Wirkung von Medikamenten kann bei gleichzeitiger Einnahme von Johanniskrautpräparaten eintreten. Dies wurde beispielsweise bei Antidepressiva oder Narkosemitteln festgestellt. Schwangeren oder stillenden Frauen sollten grundsätzlich die Finger vom Johanniskraut lassen.

Wer in Erwägung zieht, Beschwerden mit Johanniskraut zu lindern, sollte sich also in jedem

Fall zuvor von einem Arzt oder Apotheker umfassend beraten lassen.

Johanniskrautprodukte - Informationen

Es gibt eine Vielzahl an unterschiedlichen Produkten mit dem beliebten Johanniskraut. Wer seine Freude am eigenen Kräutergarten hat und künftig auch Johanniskrautanbau und der Ernte im heimischen Garten einplanen möchte, kann auf verschiedenen Wegen in den Besitz der heilenden Pflanze gelangen. Durch einen eigenen Anbau im heimischen Kräutergarten kann man viele beliebte Produkte selber kostengünstig herstellen. Heutzutage bereichert das Johanniskraut als beliebtes Heil- und Hausmittel immer häufiger auch die umfangreichen Sortimente von ausgewählten Pflanzen- oder Staudenmärkten. Und auch in Supermärkten kann der aufmerksame Kunde dann und wann auf das Johanniskraut als Zierpflanze stoßen.

Ist eine Verwendung als Heilkraut vorgesehen, heißt es jedoch: Augen auf beim Kräuterkauf. Denn es gibt verschiedene Pflanzen in den Reihen der Johanniskräuter. Und längst nicht alle beherbergen die zu medizinischen Zwecken verwendeten wertvollen Inhaltsstoffe. Der Name weist bei der Auswahl den richtigen Weg – Hypericum perforatum heißt das echte Johanniskraut. Nicht zu verwechseln also mit den Verwandten Hypericum calycinum, dem Großkelchigen Johanniskraut, Hypericum polyphyllum, dem Griechischen Johanniskraut, oder Hypericum tetrapterum, dem Geflügelten Johanniskraut. Sie können der echten Variante in Sachen Heilwirkung niemals das Wasser reichen.
Stehen eigener Anbau und anschließende Ernte hingegen nicht auf der Wunschliste, bietet sich der Griff zum getrockneten Produkt an. In einer hochwertigen Angebotspalette sind sowohl Blätter als auch Blüten enthalten. Das getrocknete Kraut wird dann überwiegend für die Zubereitung von Teemischungen verwendet. Für alle, die eher unsicher im Hinblick auf die richtige Dosierung sind, eignen sich besser fertige Teebeutel. Die Preise variieren und richten sich unter anderem nach der Art des Anbaus. Für die biologisch herangezogenen Pflanzen muss der Kunden ein wenig tiefer in die Tasche greifen, hat damit aber eine gute Wahl getroffen.

Johanniskrauttabletten, – kapseln und –dragees

Anwendung und Wirkung

Die wohl beliebteste – und bequemste – Darreichungsform unter den Johanniskrautpräparaten kommt in Form von Tabletten, Kapseln oder auch Dragees daher. Die niedrig konzentrierten Präparate helfen Kindern ab zwölf Jahren und Erwachsenen insbesondere in Belastungssituationen oder bei leichten depressiven Störungen. Bei mittelschwer ausgeprägten depressiven Störungen stehen in den Apotheken verschreibungspflichtige Präparate zur Verfügung.

Die Dosierung sollte der behandelnde Arzt in Anbetracht der jeweils vorliegenden Erkrankung festlegen.

In den meisten Fällen wird die Einnahme auf morgens und abends verteilt. Um den Wirkstoffpegel im Körper konstant aufrecht zu erhalten, ist es natürlich besonders wichtig, regelmäßig zur verordneten Pille zu greifen.

Obwohl Johanniskrauttabletten kaum Nebenwirkungen verursachen, sollten sie nicht unbedacht eingenommen werden: Hellhäutige Personen und Patienten, die bestimmte Medikamente regelmäßig nehmen müssen, sollten Johanniskrauttabletten nicht ohne vorherige Absprache mit dem behandelnden Arzt einnehmen.

Lagerung

Johanniskrauttabletten, -kapseln und –dragees sollten wie alle anderen Medikamente sorgfältig verwahrt werden – natürlich außerhalb der Reichweite von Kindern. Vorzugsweise in der Originalverpackung an einem dunklen Ort mit Zimmertemperatur. Temperaturschwankungen sind zu vermeiden.

Kaufen

Verschreibungspflichte Johanniskrauttabletten gibt es ausschließlich in Apotheken. Niedriger dosierte Präparate finden sich auch in den Sortimenten von Drogeriemärkten.

Johanniskrautöl

Anwendung und Wirkung

Unschlagbar vielfältig unter all den unterschiedlichen Produkten aus Johanniskraut ist das Öl – wegen seiner kräftigen Farbe auch Rotöl genannt. Es sollte einfach in jeder Hausapotheke vorrätig sein. Denn: Seine breit gefächerten Einsatzmöglichkeiten suchen Ihresgleichen – sowohl innerlich als auch äußerlich vertreibt es eine große Zahl lästiger Beschwerden, die das körperliche Wohlbefinden nachhaltig beeinträchtigen können. Wie oft braucht es nur einen kurzen Moment, sich eine Verletzung zuzuziehen, von der man schließlich eine ganze Weil etwas hat? Mit dem Johanniskraut ist ein besonderes Kraut gegen eine Menge Zipperlein gewachsen und erfolgversprechend einsetzbar.

Direkt auf die Haut aufgetragen, wirkt das Rotöl zum Beispiel bei Prellungen, Quetschungen, Verstauchungen, Blutergüssen oder Verbrennungen entzündungshemmend und schmerzlindernd. Es hilft bei Narben nach Operationen, ist geeignet bei Abschürfungen, Schnittverletzungen, Durchblutungsstörungen, trockener Haut, Sonnenbrand, Neurodermitis oder Insektenstichen. Hilfe verspricht es darüber hinaus aber auch bei fettiger und unreiner Haut, Nervenschmerzen, Rheuma, Gicht, Krampfadern oder Hämorriden. Und auch für Massagen wird das Öl sehr geschätzt. Beispielsweise bei der Dorn- und der Breuss-Methode, die bei der Behandlung Bandscheiben- und der Wirbelsäulenbeschwerden eingesetzt werden. Die wohltuende Wirkung des Johanniskrautöls kommt bei einer Massage auch einer verspannten Muskulatur zugute: Sie kann durch Einreibungen mit Johanniskrautöl effektiv gelockert werden.

Das Öl kann mehrmals am Tag auf die betroffenen Körperstellen aufgetragen werden. Für Kompressen oder Waschungen empfiehlt es sich, 20 Tropfen Öl mit einem Glas abgekochten Wassers zu vermengen.

Wenn der Körper im Winter unter der deutlich eingeschränkten Lichtaufnahme leidet, kommt das Johanniskraut ebenfalls ins Spiel: Es hilft der Haut, das vorhandene Sonnenlicht intensiver aufzunehmen und für die Gesunderhaltung des Körpers zu nutzen.

Wer seine Nerven stärken möchte, sollte das Rotöl im wahrsten Sinne des Wortes verinnerlichen: Ein Teelöffel des Öls vor einer Mahlzeit oder einem warmen Getränk zugefügt sorgt für Ausgeglichenheit und hilft wirkungsvoll gegen Verdauungsbeschwerden. Und auch bei Durchfall ist der Johanniskrautöl ein Mittel der Wahl. Dazu werden fünf Tropfen des Öls in einen mit Honig gesüßten Kräutertee gegeben. Diese Rezeptur hat sich außerdem bei Erkrankungen der Galle, Harnblasenentzündungen, Nieren- und Gallenstörungen, Ruhr, Migräne, Wetterfühligkeit oder auch Schlaflosigkeit und Vergesslichkeit bewährt. Bei Jetlag hingegen reicht schon ein einziger Tropfen unter der Zunge, um schnell wieder fit zu sein.

Eine Wohltat ist das Johanniskrautöl schließlich auch bei Halsschmerzen: Mit zehn Tropfen seines Öls in etwas lauwarmem Wasser hat der Erkrankte eine wirksame Gurgellösung, die die Schmerzen lindert und die Erreger der Halsentzündung bekämpft. Die Auflistung wirkungsvoller Einsatzmöglichkeiten für das Johanniskrautöl, die über die Jahrhunderte entdeckt wurden, wirkt bereits jetzt schier unendlich. Dank kreativer, findiger und experimentierfreudiger Köpfe erfährt sie stets weitere Bereicherung.

Doch auch bei der Verwendung von Johanniskrautöl sollte im Vorfeld sicherheitshalber der Rat eines Arztes oder Apothekers eingeholt werden.

Herstellung

Das Johanniskrautöl wird traditionell aus den gelben Blüten, den Blättern und den Stängeln der Pflanze hergestellt und wird im Handel an vielen Stellen angeboten.

Selber herstellen

Wer sich selbst in der Herstellung des Johanniskrautöls versuchen möchte, muss keineswegs ein Meister des Fachs sein: Man benötigt dazu 25 Gramm des frischen Krauts, das gemeinsam mit einigen – ebenfalls frischen – Blüten mit einem Mörser zerkleinert und ein wenig zerrieben wird. In einem Gefäß aus hellem Glas wird diese Mixtur mit einem halben Liter Olivenöl übergossen. Die Gärung erfolgt - bei geöffnetem Gefäß – an einem warmen Ort. Nach drei bis fünf Tagen ist der Prozess vollendet, der Behälter wird verschlossen und steht anschließend an einem sonnigen Platz, bis sich die Flüssigkeit in leuchtendem Rot präsentiert. Auch bei diesem Prozess verlangt das Johanniskraut ein wenig Geduld: Bis dahin können durchaus sechs Wochen vergehen. Erst dann kann der Inhalt abgeseiht, durchgepresst und in gut schließende Flaschen abgefüllt werden.

Eine andere Variante der Produktion von Johanniskrautöl hat sich ebenfalls bewährt: Bei dieser wird das Gemisch in einem verschlossenen Glas 40 Tage an einen sonnigen Platz gestellt. Nach dem Filtrieren ist es in einer dunklen Flasche etwa ein Jahr lang haltbar.
Beide Rezepturen sind auch für die innerliche Anwendung geeignet.

Lagerung

Johanniskrautöl sollte kühl und lichtarm in dunklen Glasgefäßen gelagert werden. Temperaturschwankungen sind zu vermeiden, damit es nicht zu einer Oxidation und somit einer möglichweise gefährlichen Veränderung des Produktes kommt.

Kaufen

Um die heilende Wirkung des Johanniskrautöls optimal nutzen zu können, sollte auf Hochwertigkeit des Präparates besonderes Augenmerk gelegt werden. Gerade bei der innerlichen Anwendung birgt mindere Qualität gesundheitliche Risiken und sogar Gefahren. Vor diesem Hintergrund empfiehlt es sich, das Öl in einer Apotheke zu kaufen.

Johanniskrautsalbe

Anwendung

Der Griff zu Johanniskrautsalbe ist ratsam bei Hautreizungen und – rötungen. Angegriffene, gespannte Haut, unreine Hautpartien, fettige, aber auch trockene Haut oder Pickel verlieren ihre Kraft im „Kampf" mit dem Heilkraut. Da der Grundstoff für die Salbe das Rotöl ist, umfasst die Johanniskrautssalbe ein ähnliches Wirkungsspektrum.
Wie auch bei den anderen Produkten sollte bei der Verwendung von Johanniskrautsalbe im Vorfeld sicherheitshalber mit einem Arztes oder Apotheker die Unbedenklichkeit erörtert werden.

Herstellung

In der Pharma- und auch in der Kosmetikindustrie wird die Johanniskrautsalbe unter Verwendung traditioneller Rezepte in verschiedenen Zusammensetzungen produziert.

Selber herstellen

Auch die eigene Herstellung der Johanniskrautsalbe ist kein Hexenwerk. Findige „Tüftler" erdachten bereits zahlreiche Zubereitungsmöglichkeiten. Hier ein schnelles Rezept: Mit 40 Millilitern Johanniskrautöl, zwei Gramm Bienenwachs und zehn Gramm Sheabutter hat man schon alle Zutaten beisammen. Zunächst wird das Bienenwachs, dem bereits das Öl zugefügt ist, im Wasserbad geschmolzen, um anschließend die Sheabutter hinzuzugeben und einzurühren. Da die Butter keine allzu hohen Temperaturen verträgt, ist es ratsam, den Rührbehälter möglichst bald aus dem Wasserbad zu nehmen. Alles nochmal gut verrühren. Und ab in einen Cremetiegel. Während der Abkühlphase ab und zu mit einem Holzspatel umrühren, um die Cremigkeit zu erhalten.

Lagerung

Gut verschlossen sollte der Cremetiegel an einem Ort mit nicht mehr als Zimmertemperatur verwahrt werden.

Kaufen

Johanniskrautsalbe ist in Apotheken erhältlich, wird aber auch in gut sortierten Drogeriemärkten geführt.

Wenn Sie jetzt auf diesen Link klicken, gelangen Sie sofort auf Amazon und können sich die geeignete Salbe auswählen und direkt nach Hause liefern lassen.
*Sie müssen nur https://amzn.to/2zqATPl * auf Klicken.*

Johanniskrauttee

Anwendung
Viele Jahre lang galt Johanniskrauttee aus frischen oder auch getrockneten Blättern und Blüten als wirksames Mittel gegen vielfältige Beschwerden. Mittlerweile ist sich die Fachwelt nicht mehr einig: Die von Pflanze zu Pflanze stark schwankende Konzentration der Inhaltsstoffe ist ein Kritikpunkt, den die Gegner des Tees als ihr Argument ins Feld führen. Dennoch ist Johanniskrauttee nach wie vor erhältlich und wird von seinen Fans regelmäßig konsumiert. Seine Befürworter preisen ihn unter anderem als Gute-Laune-Getränk und hervorragenden Helfer bei „Frauenbeschwerden", wie etwa Menstruationsschmerzen oder Wechseljahresunpässlichkeiten. Auch wer müde und träge einfach nicht „in Gang" kommt, fühlt sich nach einer Tasse Johanniskrauttee oft schnell wieder energiegeladen und hochmotiviert. Trübe Stimmung oder leichte Depressionen, Ängste oder Schlafstörungen haben es ebenfalls schwer, sich nach dem Genuss des Tees noch zu behaupten.

Auch für den Tee aus Johanniskraut gilt: Die Wirkung ist nicht immer sofort und direkt spürbar. Erst nach Tagen, mitunter auch Wochen stellt sich die positive Entwicklung ein. Je nachdem, welche gesundheitliche Beeinträchtigung behandelt werden soll.

Für eine Tasse Tee reichen zwei gehäufte Teelöffel des getrockneten Johanniskrautes, die mit 250 Millilitern Wasser zum Kochen gebracht werden. Bis zu zwei Tassen am Taggelten als ausreichende Trinkmenge.

Darüber hinaus ist natürlich auch beim Johanniskrauttee ein wenig Vorsicht und Maß geboten: Nebenwirkungen wie Benommenheit, Hautirritationen, allergische Reaktionen, Magen-Darm-Beschwerden und gesteigerte Lichtempfindlichkeit können auch durch diesen grundsätzlich gesundheitsfördernden Aufguss hervorgerufen werden. So ist auch hier vor dem Genuss ein Arzt oder Apotheker als Ratgeber ein Muss. Herstellung
Der Johanniskrauttee wird aus frischen oder getrockneten Blättern und Blüten der Pflanze hergestellt. Er wird auch in Teebeuteln angeboten.

Selber herstellen
Wer seine eigene Tee-Ernte im Regal der heimischen Küche stehen haben möchte, sollte die Blätter und Blüten der Johanniskrautpflanze während der Blütezeit bei warmem und trockenem Wetter pflücken – vorzugsweise in der Mittagszeit – und dann trocknen. Daraus kann das ganze Jahr über ein wohlschmeckender und wirkungsvoller Johanniskrauttee zubereitet werden.

Lagerung
Wie alle Kräutertees sollte auch der Johanniskrauttee kühl, luftdicht und dunkel sein Dasein fristen. Vorzugsweise verwendet man dafür verschließbare Teedosen, die es in Kunststoff, Metall oder auch Kirschholz gibt. Außerdem besteht beim Johanniskrauttee – wie bei jedem Tee – die Gefahr, dass er Gerüche aus der Umgebung aufnimmt. Von daher wäre ein Platz möglichst weit entfernt von Gewürzen oder Kaffee ideal, um das Aroma nicht zu beeinträchtigen.

Kaufen
Johanniskrauttee ist im Handel vielfältig vertreten. Um in Sachen Qualität auf Nummer sicher zu gehen, ist der Griff zu einem Produkt aus der Apotheke oder von einem namhaften Hersteller angeraten.

Johanniskrauttinktur

Anwendung und Wirkung

Die stark alkoholhaltige Johanniskrauttinktur wird herkömmlich in einer Dosierung von 15 bis 30 Tropfen bis zu dreimal täglich eingenommen. Die leuchtend rote Flüssigkeit ist überwiegend angezeigt bei leichten bis mittelschweren Depressionen. Innere Unruhe, Angstzustände und beispielsweise auch Verstimmungen während der Wechseljahre sind weitere Einsatzgebiete, in denen die Tinktur zielgerichtet Abhilfe schafft. Wegen des hohen Alkoholgehaltes sollte sich die Tinktur stets außerhalb der Reichweite von Kindern befinden. Auch für Alkoholkranke Personen ist sie nicht geeignet. Personen, die regelmäßig Medikamente zu sich nehmen müssen, sollten sich über mögliche Wechselwirkungen vorab informieren.

Herstellung

Johanniskrauttinkturen werden in Apotheken, aber auch Pharmaunternehmen hergestellt.

Selber herstellen

Für die Eigenproduktion von Johanniskrauttinkturen benötigt man frisches, gewaschenes und kleingeschnittenes Johanniskraut (Blätter, Blüten und durchaus auch Stängel). In einem verschließbaren Gefäß wird das Kraut mit Wodka oder Doppelkorn übergossen, bis es vollständig davon bedeckt ist. Nachdem die Flüssigkeit zwei bis sechs Wochen an einem warmen Ort durchgezogen ist, kann sie nach dem Ausfiltern des Krautes in eine dunkle Tropfflasche, wie sie beeispielsweise in Apotheken erhältlich sind, umgefüllt werden.

Lagerung

Die Johanniskrauttinktur sollte dunkel und vor Temperaturschwankungen geschützt aufbewahrt werden.

Kaufen

Die industriell hergestellte Johanniskrauttinktur ist in Apotheken und Drogeriemärkten erhältlich.

Johanniskraut in der Küche

Obwohl das Johanniskraut eine vielgelobte Koryphäe unter den Kräutern ist, hat es sich bislang noch nicht in der 5-Sterne-Küche behaupten können. Und auch in der Hausmannskost kommt man nach wie vor offenbar auch ohne das Kraut gut aus. In alten wie modernen Kochbüchern finden sich zumindest nur sehr selten Spuren von Johanniskraut. Ihm wird höchstens mal in einer Fischmarinade oder einer Kräutersoße eine kleine Nebenrolle gewährt.
Kein Wunder: Trotz des durchaus ansprechenden und aromatischen Geruchs, erfreut die heilende Pflanze die menschlichen Geschmacksknospen mit ihrer typischen Bitterkeit eher wenig. Was also das Kochen mit Johanniskraut angeht, sollte man sich vorsichtshalber auf die Zubereitung von Tee beschränken.
Angesichts der wechselvollen Geschichte, die das Johanniskraut im Laufe der Jahrhunderte durchlaufen hat, muss dies jedoch nicht so bleiben. Eine Karriere als Kochtopfinhalt sollte nicht gänzlich ausgeschlossen werden…

Ganz anders sieht es in der Welt der Spirituosen aus: In Kräuterlikören und -schnäpsen ist das Johanniskraut ein gern gesehener Mitstreiter. Oft tragen die „Wässer" Namen wie beispielsweise „Hexenzauber", die an die heidnischen Zeiten erinnern (oder vielleicht sogar seit damals überliefert wurden), als Johanniskraut noch in dem magischen Ruf stand, hervorragende Abwehr gegen böse Geister und Flüche zu bieten.

Johanniskraut in der Luft

Selbst ohne offensichtlich direkten Körperkontakt entfaltet das Johanniskraut seine Wirkung auch quasi in der Luft: Einige Tropfen Johanniskrautöl mit Wasser vermengt in einer Duftlampe erfüllen den Raum mit einem angenehmen Aroma und sorgen auf dem Weg durch die Atmungsorgane für entspannte Nerven.

Auch in einem Schlafkissen macht das Johanniskraut eine gute und wirkungsvolle Figur: Gemischt mit anderen beruhigenden getrockneten Kräutern (geeignet sind zum Beispiel Lavendel, Melisse, Hopfen, Baldrian, Rosenblüten) und in ein kleines Kissen gefüllt, sorgt die Mixtur in der Nähe des Kopfes platziert für ein gutes Ein- und Durchschlafen. Nach etwa zwei Monaten sollte der Inhalt des Schlafkissens erneuert werden, um die Wirkung zu erhalten.

Selbst Parfumeure greifen dann und wann auf Johanniskraut und sein einzigartiges Aroma zurück. In etlichen bekannten Marken ist auch die Heilpflanze versteckt und beteiligt sich an der einzigartig betörenden Mischung im jeweiligen Flacon.

Weltgeschichte zum Johanniskraut

Nur wenige Pflanzen können wohl ein derart wechselvolles und spannendes Kapitel in der großen Weltgeschichte füllen wie das Johanniskraut. Bereits in der Antike machte es als wirkungsvolle Heilpflanze in Europa und Asien von sich Reden und weckte das Interesse der Heilkundigen: Es bewährte sich unter anderem bei Lungenerkrankungen oder inneren Entzündungen.

Seine Wirkung auf die Psyche blieb sehr lange unentdeckt, was in der geistigen Haltung der Menschheit damals begründet sein dürfte: Psychische Störungen galten bis vor wenigen Jahrhunderten allgemein als übles Teufelswerk, dem nur mit straken übernatürlichen Kräften beizukommen war. Dass körperliche Ursachen zugrunde liegen könnten, kam den Gelehrten offenbar nicht in den Sinn. Menschen mit psychischen Erkrankungen galten bestenfalls als verrückt und wurden aus der Gesellschaft strikt ausgegrenzt. Schlimmstenfalls galten sie als vom Teufel besessen oder einer Hexerei verfallen und mussten nicht selten mit dem Leben für die Erkrankung büßen.

Obwohl – zumindest offiziell – noch kein konkreter Zusammenhang zwischen dem Johanniskraut und der psychischen Gesundheit bestand, wurden der Pflanze schon früh wirkungsvolle magische Kräfte zugesprochen: Als vor vielen Hunderten von Jahren noch allerorten heidnische Sonnwendfeuer am längsten Tag des Jahres entzündet wurden, durfte das Kraut bei den Feiern nicht fehlen. In Kränzen gebunden zierte es zunächst die Köpfe der Tanzenden, ähnlich wie es heute noch beispielsweise in Schweden zu sehen ist. Anschließend wurden die Kränze ins Feuer oder über die Hausdächer geworfen. Manche legten sie auch auf ihr Hausdach. Wie auch immer das jeweilige Ritual aussah: Man war sich der wohltuenden, ja sogar schützenden Wirkung des Johanniskrautes sicher und vertraute darauf, durch diese jährlich zelebrierten Zeremonien die böse und zerstörerische Macht von Hexen, Dämonen, Flüchen und sogar des Teufels zu brechen. Selbst vor Blitzschlag glaubte man Haus, Hof und seine Bewohner gefeit. Und selbst wenn das Leben die Menschen immer mal wieder leidvoll eines Besseren belehrte, hielt man am Ritual fest.

Im prasselnden Sonnwendfeuer, auf dem Dach oder an welchem rituellen Ort auch immer verschwand jedoch nicht die komplette wertvolle Johanniskrauternte: Das Kraut nutzten Heilkundige inzwischen, um auch Beschwerden wie Gicht oder Rheuma zu behandeln. Erst im späten Mittelalter machte die Erkenntnis die Runde, dass das Johanniskraut gegen Ängste und Stimmungsschwankungen hervorragende Dienste leistet. Nach damaliger Sicht der Dinge wirkte es somit effektiv gegen den Teufel, gegen Hexerei und gegen jedwede Flüche – weitere Namen im Volksmund wie Teufelsaustreiber oder Hexenkraut belegen diese Überzeugung. Und so ließen abenteuerliche Legenden rund um das machtvolle Johanniskrautes und den Teufel auch nicht lange auf sich warten.

Vor diesem Hintergrund konnte man sich bald auch erklären, wie das Johanniskraut zu den kleinen schwarzen Flecken oder Löchern auf seinen Blättern gekommen war, bei denen es sich um die Öldrüsen handelt: Der Legende nach hatte der Teufel höchst selbst versucht, die Pflanze, die Macht über allerlei böse Geister und sogar ihn selbst besitzen sollte, voller Wut mit Nadelstichen zu zerstören, um ihren Bann zu brechen.

Trotz der sich hartnäckig haltenden Mythen und Halbwahrheiten befassten sich jedoch schließlich auch immer wieder ernsthafte Wissenschaftler mit dem Johanniskraut und seinen Wirkungsweisen. Beispielsweise im 16. Jahrhundert der bekannte Paracelsus. Als Arzt Alchemist, Astrologe, Mystiker, Laientheologe und Philosoph faszinierten ihn die Kräfte, die dem Johanniskraut zugesprochen wurden, enorm. Die Wahrheit zu ergründen, war eines seiner zahlreichen Forschungsziele. 1525 hielt er schriftlich fest, dass das Johanniskraut nachweislich gegen „melancholische Stimmungen“ helfe.

Darüber hinaus war er sich der heilenden, antiseptischen und ausleitenden Fähigkeiten der Heilpflanze sicher. Nach genauer Betrachtung des Johanniskrautes kam er nämlich zu der Überzeugung, dass dessen porenähnliche Blätter auf hilfreiches Wirken bei offenen Hautstellen – innerlich wie äußerlich – sowie auf die Fähigkeit, etwas über die Poren der Haut auszuscheiden, schließen ließen. Heute ist längst nachgewiesen, dass Paracelsus damit völlig richtig lag.

Nach weiteren etwa 100 Jahren hatte auch der Erfurter Medizin- und Botanikprofessor Johann Hieronymus Kniphof sich des Johanniskrautes angenommen und es für wertvoll genug befunden, um in seinem Kräuterbuch „Botanica in originali“ Erwähnung zu finden.

So trat das Johanniskraut wieder einmal seinen Siegeszug an. Bis dieser irgendwann im Laufe des 19. Jahrhunderts durch die zunehmende chemische Herstellung von Medikamenten zunächst wieder ein trauriges Ende fand: Wie viele weitere bedeutsame Heilkräuter fristete das Johanniskraut im Bereich der Medizin lange Zeit ein absolut vergessenes Schattendasein.

Erst in den 1930er Jahren wurde das Johanniskraut kurzfristig wieder entdeckt, musste aber noch bis 1941 warten, um dann „nur“ im Ergänzungsbuch des Deutschen Arzneibuches kurzfristig genannt zu werden. Schon in der darauffolgenden Auflage war das Johanniskraut jedoch schon wieder verschwunden. Erst in den 1970er Jahren besann sich die Medizinwelt erneut der besonderen heilenden Kraft, die 1979 Einzug in den Deutschen Arzneimittelkodex hielt, in dem sie seither fest verankert ist.

Johanniskraut – ein gesegnetes Kraut

Wie ein roter Faden zieht der Glaube an die guten und mächtigen Kräfte im Johanniskraut durch seine Geschichte. So war der Pflanze in heidnischen Ritualen einst über lange Zeiten eine tragende Rolle zugedacht, um Böses abzuwenden und Schutz zu erwirken.

Heute erfährt das Johanniskraut bei vielen Gläubigen Hochachtung: Das Johanniskraut zählt, besonders in katholischen Regionen, zu den gesegneten Kräutern. Alljährlich zu Mariä Himmelfahrt finden in Gottesdiensten Kräutersegnungen statt, die der mehr als 1000-jährigen Überlieferung zufolge den Pflanzen eine besondere Kraft verleihen soll.

Hintergrund ist das Ziel, die heilenden und schützenden Kräfte aus der Natur hervorzuheben, sie als Gottes Schöpfung zu ehren. In vielen Religionen auf der ganzen Erde spielt die Kraft der Kräuter eine bedeutende Rolle, wurde das Wissen um die Möglichkeiten der Heilung von Generation zu Generation weitergegeben und weiterentwickelt. Kein Wunder: Schließlich war die Menschheit lange Zeit ausschließlich auf die Schätze der Natur angewiesen, wenn es darum ging, Krankheiten zu heilen. Viel des entdeckten und erworbenen Wissens hat sich bis heute bewahrheitet und bewährt. Andere Erkenntnisse wurden im Laufe der Zeit über Bord geworfen. Wie beispielsweise, die Annahme, dass Johanniskraut

Und selbst heute sind die Wirkungsweisen – auch des Johanniskrautes – bekanntermaßen noch längst nicht rundum untersucht, analysiert und erwiesen. Die gesegneten Kräuter aus den katholischen Gottesdiensten, die den Mitfeiernden als gebundene Büschel oder Sträuße mitgegeben werden sollen die Kräfte der Natur zum Wohl von Menschen und Tieren wirksam werden lassen. Gut sichtbar werden die kleinen Sträuße daher in den Häuser angebracht und sind bei ihrem Anblick Zeichen der Dankbarkeit für die vielfältigen Gaben der Schöpfung. Dem heutigen Brauch liegen Legenden rund um die Gottesmutter zugrunde. Was manchem wie Aberglaube erscheinen mag, ist für viele Gläubige eine ehrenwerte Tradition.

Auch um das Johanniskraut ranken sich Legenden. So heißt es beispielsweise, dass es aus dem Blut Johannes des Täufers hervorgegangen sei. Eine andere Legende besagt, dass Johannes unter dem Kreuz Christi die mit Blutstropfen bedeckte Pflanze sammelte.

Anmerkung

Vielen Dank, dass Sie sich für das Buch entschieden haben. Wir hoffen, Ihnen hat es gefallen und Sie konnten hilfreiche Informationen mitnehmen.

Bewertungen sind unglaublich wichtig, wenn es darum geht, dass ein neuer Leser ein Buch auswählt. Bewertungen haben den Vorteil, dass Bücher eher gefunden werden und sie helfen das Buch zu optimieren.

Aus diesem Grund würden wir uns wirklich sehr freuen, wenn Sie sich kurz Zeit nehmen, um auf Amazon das Buch zu bewerten.

Es würde uns wirklich viel bedeuten.

Danke für Ihre Unterstützung.

Affiliatelinks/Werbelinks

Wir möchten Ihnen mitteilen, dass die externen Links die mit einem Sternchen (*) gekennzeichnet sind sogenannte Affiliatelinks/Werbelinks sind.

Wenn Sie auf einen Affiliatelink klicken und über diesen link z.B. bei Amazon einkaufen, bekommen wir von dem betreffenden Onlineshop oder Anbieter eine Provision. Für Sie verändert sich der Preis nicht.

Haftungsausschluss

Das Buch wurde nach bestem Wissen recherchiert und hergestellt. Der Herausgeber oder der Autor kann jedoch keinerlei Haftung für Ideen, Empfehlungen und Sachverhalte übernehmen. Die Benutzung dieses Buches und die Umsetzung der darin enthaltenen Informationen erfolgt ausdrücklich auf eigenes Risiko.

Haftungsansprüche gegen den Herausgeber oder Autor, welche sich auf Schäden materieller oder ideeller Art beziehen, die durch die Nutzung oder Nichtnutzung der dargebotenen Informationen bzw. durch die Nutzung fehlerhafter und unvollständiger Informationen verursacht wurden, sind grundsätzlich ausgeschlossen. Alle Angebote sind freibleibend und unverbindlich. Die Herausgeber behält es sich ausdrücklich vor, Teile der Seiten oder das gesamte Angebot ohne gesonderte Ankündigung zu verändern, zu ergänzen, zu löschen oder die Veröffentlichung zeitweise oder endgültig einzustellen.

Haftung für Links

Unser Angebot enthält ggf. Links zu externen Webseiten Dritter, auf deren Inhalte wir keinen Einfluss haben. Deshalb können wir für diese fremden Inhalte auch keine Gewähr übernehmen.

Für die Inhalte der verlinkten Seiten ist stets der jeweilige Anbieter oder Betreiber der Seiten verantwortlich. Eine permanente inhaltliche Kontrolle der verlinkten Seiten ist jedoch ohne konkrete Anhaltspunkte einer Rechtsverletzung nicht zumutbar. Bei Bekanntwerden von Rechtsverletzungen werden wir derartige Links umgehend entfernen.

Impressum

Kontakt: Marcel Schulz, Im Kisker 8, 32139 Spenge, ebook24@gmx.de

Quellenangaben für die verwendeten Bilder und Grafiken:
© Heidi Schneekloth - 69368388 - Auf der Sommerterasse
© kaprikfoto – 77281958 - common St. John's wort - hypericum perforatum - antidepressant
© behewa - 76545573 – Johanniskraut
© LianeM - 15492894 - Tee Johanniskraut- tea St Johns wort 07
© emer – 67301162 - Johanniskraut, Hypericum, Perforatum,
© Printemps - 86376851 – Johanniskraut von fotolia.com

Printed in Poland
by Amazon Fulfillment
Poland Sp. z o.o., Wrocław

66692856R00016